MÉMOIRE

JUSTIFICATIF

DU GÉNÉRAL LAJOLAIS,

DE SA FEMME

ET

DE SA BELLE-SOEUR.

L'offense faite au moindre citoyen, sera punie comme un crime contre l'état.... La force est le partage de quelques-uns, et la loi le soutien de tous.... Il n'y aurait point d'injustices dans une République, si tous les citoyens en étaient aussi révoltés que ceux qui les éprouvent.

Législation de SOLON. Voyage du jeune *Anacharsis* en Grèce, tome premier.

(1799)

MÉMOIRE

DU GÉNÉRAL LAFOSSE,

ET

DE LA BELLE-POULE.

MÉMOIRE JUSTIFICATIF.

PARMI les victimes nombreuses de l'arbitraire du Directoire exécutif expulsé, dans sa majorité, par la journée du 30 prairial, an 7, il n'y en a pas qui ait éprouvé une complication aussi longue et aussi impudemment soutenue de tout ce que l'injustice, réunie à l'orgueil de la toute-puissance, a d'odieux et de révoltant.

Un arrêté du directoire exécutif, en date du 24 fructidor, an 5, signé par *Reubel*, qui n'était pas alors président, ordonne mon arrestation, celle de ma femme et de ma belle-sœur; et le motif de cette mesure est une *prévention de conspiration contre la sûreté intérieure et extérieure de la République.*

Le 9 vendémiaire, an 5, le juge de paix *Hanoteau*, appelé *auprès du ministre de la police générale, à l'effet d'informer contre tous les conspirateurs contre le gouvernement,* après perquisition sévère de mes papiers et examen des allégations portées contre moi, ordonne ma mise en liberté pleine et entière, ainsi que celle de ma femme et de ma belle-sœur. Plein de confiance dans cet acte de justice, je me rends à Strasbourg, mon domicile ordinaire, où, après ma réforme dans le grade de général de brigade, l'estime de mes concitoyens m'avait donné le commandement de la garde nationale. Ma liberté avait été prononcée à Paris, en connaissance de cause, par l'homme de la loi, revêtu de plus par le gouvernement d'un caractère particulier pour informer sur les préventions de l'espèce de celle qui avait été dirigée contre moi. A Strasbourg les fers m'attendaient, la prison m'était préparée; et, si quelque chose pouvait étonner dans les vengeances de *Reubel,* cette seconde arrestation s'est faite en vertu du même arrêté du 24 fructidor, an 5, anéanti et annullé par les ordonnances de mise en liberté rendues par le juge de paix *Hanoteau,* commissaire nommé *ad hoc,* lequel avait déclaré qu'il faisait cet acte de justice en vertu de ses pouvoirs d'office et délégués, et après nous avoir entendus, n'avoir trouvé dans nos papiers que des témoignages très-recommandables, et nous avoir reconnus parfaitement innocens! (Voyez les pièces justificatives n.º 1, 2, 3 et 4.)

Une simple lettre du ministre de la police générale, en date du 22 vendémiaire, an 6, a suffi pour redonner à cet arrêté fatal la force que la loi et les premiers principes de jurisprudence criminelle lui avaient enlevée, et pour motiver, sans autre prétexte, une détention de vingt mois. Ici l'arbitraire de *Reubel* se développe avec toutes ses formes hideuses. Si l'ordre de ma seconde arrestation, aussi illégalement motivée, m'avait été connu, j'aurais réclamé, et ma voix, devenue forte par l'excès de l'indignation, aurait peut-être réveillé quelques idées de justice, quelques vieilles affections d'équité dans l'ame des collégues de *Reubel*, et épouvanté le tyran lui-même sur son fauteuil directorial. Pour m'ôter tout moyen de réclamation, les agens de l'autorité à Strasbourg avaient, sans doute, des instructions secrètes qui leur défendaient de me donner communication de mon mandat d'arrêt. Oui, communication de mon mandat d'arrêt m'a été durement, opiniâtrement, refusée par le brigadier de gendarmerie *Lamotte*, en résidence à Strasbourg. La loi, si précise sur cet article, a été par moi invoquée avec la fermeté du bon droit, et cependant cette demande simple et toujours respectée chez les nations qui ont un gouvernement et des lois, a été méprisée par le brigadier *Lamotte*; il a répondu à mes vives instances par le rire insolent du mépris : fort de l'impunité qui lui était, sans doute, promise, il a osé m'arracher des mains le mandat d'arrêt dont je m'étais saisi pour en prendre lecture.

Alors il me fut évident que les oppresseurs déhontés de la liberté publique avaient levé le masque, qu'aucune des lois protectrices de la sûreté des personnes n'était par eux respectée. Pendant vingt mois j'ai réclamé des juges; pendant vingt mois j'ai demandé connaissance des imputations dirigées contre moi; pendant vingt mois j'ai réclamé l'exécution de l'article 145 de l'acte constitutionnel, si impudemment invoqué en tête de l'arrêté du 24 fructidor, an 5, qui, malgré son annihilation légale, motivait seul ma longue détention : je n'ai obtenu aucune réponse du directoire et de ses ministres : la voix d'un officier général qui, pendant huit ans, s'était battu avec distinction pour établir dans sa patrie le règne exclusif de la loi, a été étouffée par les magistrats suprêmes de cette même loi.

Pourquoi les femmes, qui n'exercent aucuns droits politiques parmi nous, deviennent-elles nos complices aux yeux de la tyrannie, lorsqu'elle veut développer ses fureurs ? C'est que le génie du crime, qui la dirige, lui a appris que nous ne sommes jamais plus sensiblement frappés que dans ces objets délicats et faibles de nos affections : la tyrannie, comme le vautour de Prométhée, s'attache au cœur de l'honnête homme qu'elle a proscrit ; comme elle veut des vengeances cruelles et non pas les châtimens de la loi, dont l'existence, quoiqu'impuissante, l'importune cependant, elle va chercher dans le cœur humain la fibre la plus sensible, pour la déchirer. La lâcheté, qui forme un des traits caractéristiques du tyran, le porte à envelopper dans ses poursuites les femmes timides et les enfans au berceau. Si j'avais été seul victime de l'arbitraire, j'aurais puisé dans mon courage et dans le témoignage de mes actions assez de forces pour lutter, corps à corps, avec le malheur et les fers ; mais ma femme et ma belle-sœur, toutes deux dans une grossesse avancée, ont partagé mon arrestation.... Mon fils et mon neveu sont nés dans les fers.... Si *Reubel* a choisi le coup qu'il voulait me porter, il a réussi : il n'était pas en son pouvoir de me faire plus de mal !

Frappé dans les objets les plus chers de mes affections, j'étais encore réservé à éprouver, de la part d'un de mes frères d'armes, l'injustice la moins méritée ; j'étais réservé à trouver mon dénonciateur dans un de nos généraux les plus fameux et les plus distingués, et aux succès duquel mon courage et mon expérience avaient efficacement contribué. Oui, *Moreau*, un moment de faiblesse a souillé toutes tes victoires ; tu t'es rendu coupable, à mon égard, du délit honteux de fausse dénonciation, et, en la faisant, tu avais dans les mains de quoi te convaincre de la calomnie dont tes conseillers perfides te rendaient l'artisan : les prétendues pièces de conviction, relatives à la conspiration du général *Pichegru*, trouvées, dit-on, dans le trop fameux chariot de *Klinglin*, dont tu dévoilais l'existence et le contenu au directeur *Barthélemy*, dans ta lettre interceptée, en date du 17 fructidor, an 5, devaient te convaincre que, dans la supposition même des manœuvres de *Pichegru*, j'étais étranger à toutes ces intrigues, quelles qu'elles aient été ; et cependant tu n'as pas craint de me dénoncer d'après cette même correspondance. Cet assemblage incohérent, puéril, insignifiant et absurde, des plus vils espions de l'Autriche, si jamais il a réellement existé dans les équipages de l'émigré *Klinglin*, général-major au service de l'empereur, renferme, en ma faveur, l'attestation la plus énergique de mon dévouement connu au gouvernement républicain et aux idées de liberté qui l'ont amené ; et cependant, au mépris de la fraternité qui doit unir des compagnons d'armes, au mépris de l'estime que ma conduite militaire et mes services, préconisés par toi-même, devaient t'avoir laissée, c'est d'après cette même correspondance, dont tu déclares avoir préalablement pris une connaissance exacte, que tu oses appeler sur ma tête et sur ma famille toute entière les soupçons du gouvernement et les préventions de trahison contre ma patrie !

Ta dénonciation a servi de prétexte à la tyrannie, pour nous priver de la liberté pendant deux ans, ma femme, ma belle-sœur et moi ; ta dénonciation a consommé la ruine entière de ma famille : cependant je n'imiterai point ton injustice et ta déloyauté. Dans mon mémoire justificatif je n'oublierai ni tes talens, ni les services importans que tu as rendus à la patrie : le besoin de me justifier, que tes soupçons barbares ont seuls établi, ne m'empêchera pas d'envisager toujours dans mon dénonciateur le chef intrépide et sage qui m'a conduit à la victoire.

Le délit grave dont tu t'es rendu coupable envers moi, la fausse dénonciation, annonce, dans celui qui le commet, la perversité la plus profonde ; cependant, comme j'ai traversé dix ans de révolution sans m'avilir, je ne saurais passer de l'estime au mépris sans restriction. Je suis convaincu que cette dénonciation, dont tu pouvais, mieux que personne, connaître la fausseté, t'a été arrachée dans un moment où tu n'étais plus toi-même, dans un moment où la crainte et les suggestions perfides de tes conseillers avaient ravi à ton esprit ses conceptions claires, à ton cœur ses affections droites et essentielles. Pour expliquer ta conduite, je n'ai que le choix entre la faiblesse coupable d'un moment, et la scélératesse la mieux caractérisée : les impressions d'estime que tu avais faites sur moi, sont encore assez fortes pour ne voir en toi que la faiblesse. Je sais que l'arbitraire de ma détention de deux années, quoique ta dénonciation lui ait servi de prétexte, n'a point été ton ouvrage; je sais que tu as tout fait pour obtenir des juges à tes victimes : oui, *Moreau,* voilà la déclaration franche et simple des sentimens qu'a conservés pour toi un camarade que tu as égorgé !

Quant à *Pichegru,* je ne dirai de lui qu'un mot, et j'aurai le courage, trop rare parmi ses camarades, de le dire avec vérité et dans la conviction intime de mon ame. Quoique ma complicité avec ce général ait été et soit encore le prétexte de l'arbitraire contre lequel je réclame en ce moment, je lui conserverai, tant qu'il ne me sera pas démontré qu'il fut coupable, la haute estime que ses grands talens, ses vertus et les services signalés qu'il a rendus à sa patrie, m'avaient inspirée. Oui, j'ai beaucoup connu Pichegru, je le déclare à toute la France; j'ai vécu avec lui dans une intimité précieuse, dont je conserverai chèrement le souvenir toute ma vie, parce que j'ai toujours vu en lui l'ami sincère du bonheur général de la République, l'amant passionné de la gloire de ses armes, et le partisan le plus décidé du règne exclusif de la loi. Si j'avais soupçonné en lui le traître et le conspirateur, toutes mes actions depuis dix ans attesteront suffisamment aux hommes de bonne foi, à mes frères d'armes témoins journaliers de ma conduite, que je ne l'aurais pas vu deux fois. Au reste, l'intimité de *Pichegru* a été partagée par *Moreau* lui-même, par les généraux les plus distingués de l'armée de Rhin et Moselle, et, jusqu'à sa proscription, tous m'ont paru la cultiver avec affection et y attacher le plus grand prix.

Je reviens à l'esquisse succincte de l'arbitraire sous lequel ma famille et moi sommes encore écrasés au moment où j'écris. Après vingt mois de détention, sans indication de juges compétens, sans communication aucune des charges portées contre moi, le Directoire exécutif, au mois de floréal de l'an 7, composé alors des citoyens *Reubel, Merlin, Reveillère-Lépaux, Treilhard* et *Barras,* effrayé, sans doute, du réveil du Corps législatif, qui déjà préludait à la journée du 30 prairial, se souvient qu'il existait dans l'acte constitutionnel *un article 145, lequel, en l'autorisant d'ordonner l'arrestation de tous ceux qui sont présumés auteurs ou complices de conspiration contre la sûreté extérieure ou intérieure de l'état, l'oblige en même temps, sous les peines portées contre le crime de détention arbitraire, de les renvoyer par devant l'officier de police, dans le délai de deux jours, pour procéder suivant les loix.*

La crainte de l'indignation générale qui commençait déjà à se manifester, détermine le Directoire coupable, en majorité du moins, à donner enfin des juges aux prévenus de la conspiration du chariot de *Klinglin*. Par arrêté en date du 4 floréal an 7, il ordonne la traduction devant le conseil de guerre de la 5.e division militaire, séant à Strasbourg, de treize personnes *prévenues d'espionnage, de complicité avec l'ex-député Chambé de Colmar.* Je me trouve, avec ma femme et ma belle-sœur, rangé au nombre de ces treize prévenus, à l'exception du chef de brigade *Badonville*, que sa bravoure, ses talens militaires et des relations de service, m'avaient fait connaître à Strasbourg, et du citoyen *Commart*, homme de loi, domicilié dans la même commune où je faisais ma résidence habituelle, avec lequel je n'ai jamais eu aucune espèce d'intimité ; tous les autres prévenus avec lesquels j'étais accolé par le bon plaisir du Directoire, m'étaient parfaitement inconnus. Quel que dût être mon étonnement, en apprenant ma complicité présumée avec des personnes dont toutes les actions m'avaient été étrangères ; quel que dût être mon étonnement, en apprenant l'énoncé du délit singulier qui m'étoit imputé, je me félicitais d'avoir enfin des juges : plus la complicité était absurde ; plus le délit était ridicule et controuvé ; plus j'avais d'espoir dans un prompt jugement.

Enfin, au bout de vingt mois d'arrestation, il m'a été permis de connaître l'inconcevable mandat d'arrêt qui m'avait privé de la liberté pendant un si long espace de temps ; c'est alors seulement, au mois de floréal an 7, que communication m'a été donnée de la lettre du Ministre de la police générale, en date du 22 vendémiaire an 6, laquelle remet en vigueur l'arrêté du 24 fructidor an 5, anéanti et annullé légalement par les deux ordonnances du juge de paix *Hanoreau*, en date du 9 vendémiaire an 6. Alors seulement j'apprends que mon arrestation, arbitraire par sa prolongation indéfinie sans traduction devant des juges, sans information aucune conformément à la loi, est encore plus arbitraire, s'il est possible, devient doublement arbitraire, par la nullité même de l'arrêté qui lui a servi de prétexte.

L'expérience du passé était assez effrayante pour me déterminer à me saisir avec avidité du tribunal qui m'était enfin donné. Voulant que le jugement à intervenir fût irrévocable, si quelque chose peut être sacré au yeux des tyrans qui foulent aux pieds la loi même au nom de laquelle ils commandent, je tournai toute mon attention à donner à l'information qui allait commencer, et à la composition du conseil de guerre qui devait être convoqué par suite, toute la régularité voulue par le code militaire.

En nous donnant des juges, le Directoire n'avait fait que céder au cri public de l'indignation qu'excitait un déni de justice aussi long ; il avait rendu son dernier arrêté qui nous traduisait en jugement, avec tant de mauvaise grâce, de mauvaise volonté, que l'organisation du conseil de guerre, conformément à mon grade et à la loi du 4 fructidor, an 5, qui détermine cet objet, n'avait point été prévue par lui, ni par aucun de ses Ministres. Alors j'exerçai avec force mes réclamations sur la stricte observation du code militaire ; je demandai la composition régulière et légale du conseil, conformément à mon grade de général de brigade. Ma demande fut accueillie par le Ministre de la justice, et, sans mettre dans sa réponse une lenteur trop ordinaire chez ses collègues, il invita de suite le Ministre de la guerre à ordonner la composition du conseil de guerre, conformément à la loi du 4 fructidor an 5. Le Ministre de la guerre obtempéra de suite à l'invitation de celui de la justice, et dans les premiers jours de messidor, le général commandant la 5.e division militaire reçut de lui les ordres nécessaires à ce sujet.

Après une arrestation prolongée pendant vingt mois par une complication d'arbitraire aussi monstrueuse, tous les délais apportés dans l'information, autres que ceux strictement nécessaires pour sa régularité, sont barbares et vexatoires. Je ne ferai à notre rapporteur qu'un reproche ; mais ce reproche seul les renferme tous : il m'a donné, par ses lenteurs inexplicables, la triste conviction que, pour lui, l'application prompte et exacte de la loi n'était pas une jouissance, quoiqu'elle fût l'accomplissement simple de son plus essentiel devoir. En effet, un officier rapporteur, dans une affaire de cette espèce, après un arbitraire aussi long, devrait éprouver pour première affection durable et profonde, le besoin d'instruire aussi promptement que possible une procédure simplifiée d'ailleurs par le travail de 20 mois, fait dans les bureaux du ministère de la police générale ; une procédure dont la première partie, ordinairement la plus longue, l'instruction à charge, a été complétée pendant un si long espace de temps par tout l'espionnage actif et bien payé de la première autorité surveillante de la République. Eh bien, je le déclare au Directoire exécutif régénéré, au Corps législatif, à tous les fonctionnaires qui, par devoir, sont obligés de procurer l'exacte et prompte distribution de la justice, au moment où j'écris, le 15 vendémiaire an 8, c'est-à-dire, plus de trois mois après la nomination du rapporteur, aucun des prévenus n'est encore interrogé.

Les premières autorités de la République déclarent, dans tous leurs actes, qu'elles veulent enfin établir l'exécution complète et religieuse de la constitution de l'an 3, et des lois qui en émanent. Cette parole est grande et rassurante ; j'en demande l'application à moi, à ma famille. Si par des ordres sévères le Directoire exécutif ne force pas le chef de bataillon rapporteur à se renfermer dans ses devoirs, aux vingt mois d'arbitraire, qui ont précédé la mise en jugement, succéderont vingt mois de lenteurs inexplicables dans l'information, avant d'arriver au jugement à intervenir. Mon intention, en publiant ce mémoire, est autant d'accélérer le jour de la convocation du conseil de guerre qui doit prononcer, que de mettre au grand jour mon innocence et les crimes de ceux qui m'ont accusé et détenu contre toutes les lois.

Depuis que je suis mis en jugement, toutes mes réflexions se sont dirigées vers les charges produites contre moi à l'appui d'un délit aussi nouveau pour moi et ma famille, que le délit d'espionnage, commis de complicité avec Fr. X. *Chambé* de Colmar, dont, avant l'association bizarre du dernier arrêté du Directoire exécutif, je ne soupçonnais pas même l'existence. Toutes les pièces de conviction produites dans cette procédure, et adressées au conseil de guerre de la 5.ᵉ division militaire par le ministre de la police générale, se réduisent à la correspondance trouvée dans le chariot de Klinglin, selon le dire du général Moreau. Eh bien, rien dans cette correspondance, que le Directoire a fait imprimer en deux volumes, distribués au corps législatif et aux autorités constituées des départemens, ne fournit contre moi un soupçon, un indice d'intelligence avec les ennemis. Au contraire, le peu qui y est dit de moi, établit que mon attachement à la gloire de ma nation était bien connu des ennemis et des traîtres, et que j'étais pour eux un épouvantail à leurs projets.

Ainsi, après avoir gémi pendant vingt mois sous l'arbitraire le plus monstrueux, *le grand délit* qui servait de prétexte à cette *grande arrestation*, ne trouve pas même dans les pièces de conviction si longuement travaillées, l'apparence d'une prévention, un commencement de preuves, un indice, un soupçon ! L'imagination atteindrait-elle à cet excès d'impudence et d'audace, si des faits malheureusement trop certains ne constataient pas l'existence d'une tyrannie aussi effrayante sous un gouvernement qu'on appelle libre et constitutionnel?

N'y a-t-il donc plus de vertu dans ma malheureuse patrie? toutes les affections du juste et de l'honnête sont-elles effacées? Non, malgré l'expérience épouvantable de tout ce qui m'est arrivé depuis deux ans, je crois encore à la vertu; j'ai besoin d'y croire pour échapper au plus pénible de tous les sentimens, au sentiment du mépris et de la haine pour la grande nation à laquelle je suis fier encore d'appartenir, pour laquelle j'ai, depuis dix ans, sacrifié ma fortune et ma vie. J'ai l'assurance qu'il existe dans le Directoire régénéré, dans les deux conseils, des amis sincères des lois et du bonheur général, que leur règne exclusif peut seul amener. C'est à eux, à eux seuls et à tous les Français qui ont la même volonté du bien et de la justice, que j'adresse mon mémoire justificatif. Leur indignation vertueuse contre l'arbitraire et ses fureurs, croîtra encore lorsqu'ils auront sous les yeux ce tableau effrayant de vérité, contenant sous un cadre étroit une série aussi longue de légèreté coupable dans mon dénonciateur; de déni de justice, d'infraction répétée à l'acte constitutionnel, dans le Directoire; de mépris pour les formes voulues par la loi, dans les derniers agens de la force publique; d'impudence dans l'énoncé de mon accusation, d'inaction inexplicable dans le rapporteur. J'entreprends de démontrer chacune des propositions qui composent cet énoncé; chacun des faits qui viendront à l'appui sera incontestable.

Première Proposition. *Le général Moreau m'a dénoncé faussement, et, en faisant cette dénonciation, il avait dans les mains de quoi se convaincre de sa fausseté.*

Dans sa lettre, datée du quartier-général à Strasbourg, le 17 fructidor an 5, et adressée au directeur *Barthélemy*, le général *Moreau* lui apprend en confidence que, le 2 floréal même année, il a trouvé à Offembourg, dans un fourgon de *Klinglin*, deux ou trois cents lettres formant la correspondance de ce général émigré ; que beaucoup de ces lettres sont en chiffres, mais que la clef du chiffre a été trouvée ; qu'il résulte de cette correspondance, que lui *Moreau* a dans les mains, que *Pichegru* y est très-compromis ; que ce général, déguisé sous différens noms supposés, correspondait par des agens secrets avec *Condé*, *Wickham*, l'archiduc *Charles*, *Klinglin* et autres ; que le projet de *Pichegru*, devenu traître, était le rétablissement de la royauté en France ; que le grand mouvement convenu devait s'opérer au commencement de la campagne de l'an 4 ; que *Pichegru* comptait sur les revers de l'armée de Rhin et Moselle, dont il quittait le commandement, à l'arrivée de lui *Moreau*, son successeur ; que l'armée, mécontente d'être battue, devait redemander son ancien chef, qui alors aurait agi d'après les instructions ultérieures qu'il aurait reçues du prétendant, des émigrés et des Autrichiens. (Voyez la pièce portée sous le n.º 5.)

Après cet exposé de la trahison de *Pichegru*, *Moreau* articule contre moi ces mots terribles, qui, avidement recueillis par la tyrannie, ont motivé mon arrestation, celle de ma femme et de ma belle-sœur :

Je soupçonne la famille Lajolais d'être dans cette intrigue.

Avant de prouver à Moreau qu'il lui était impossible, en obéissant à sa conviction personnelle, de soupçonner la famille *Lajolais* d'être dans cette intrigue, je veux établir d'abord que c'est à ce soupçon tout seul du général Moreau, que nous devons tous nos malheurs ; que notre première et notre seconde arrestation n'ont eu et n'ont pu avoir pour motif que le soupçon du général *Moreau*.

En effet, c'est par arrêté du 24 fructidor, an 5, que ma femme, ma belle-sœur et moi, nous avons été traînés dans les cachots du Temple à Paris. Or, à cette époque, le Directoire ne pouvait avoir d'autre motif pour ordonner notre arrestation, que la lettre interceptée de *Moreau* à *Barthélemy*. Nos liaisons avec le général *Pichegru* n'auraient pas suffi pour lui arracher cette mesure, puisqu'un grand nombre de généraux et autres particuliers, qui voyaient tous les jours ce général, n'ont point été enveloppés dans la proscription.

J'avoue, parce que le style déclamatoire et l'exagération ne seront jamais employés par moi, que le Directoire avait dans ce soupçon positif du général en chef *Moreau* un motif suffisant pour s'assurer de nos personnes. Si, aux termes de l'article 145 de l'acte constitutionnel, le Directoire eût ordonné une information régulière, ou s'il eût respecté les ordonnances de mise en liberté prononcées à notre égard, en connaissance de cause, par le juge de paix *Hanoteau*, son commissaire nommé *ad hoc*, je n'adresserais au Directoire aucun reproche d'arbitraire. La lettre interceptée de *Moreau* à *Barthélemy* renfermait, avant l'examen des pièces à l'appui, une dénonciation assez circonstanciée de la conspiration reprochée à *Pichegru*, l'un des proscrits de la journée du 18 fructidor, pour appeler sur ses complices présumés toute la surveillance d'un gouvernement inquiet et alarmé.

C'est donc au soupçon de connivence dans l'intrigue de *Pichegru*, formellement énoncé par *Moreau*, que doit être attribuée mon arrestation, celle de ma femme et de ma belle-sœur. Maintenant examinons quels étaient les indices, les renseignemens qui pouvaient faire naître un soupçon aussi grave dans l'esprit d'un homme qui a reçu une éducation distinguée et qui en a profité; qui, par conséquent, était en état d'apprécier les choses et les hommes. Pour établir à ses yeux la complicité de ma famille dans la conspiration attribuée à *Pichegru*, *Moreau* n'avait que deux moyens, d'abord mes actions antérieures, et celles accompagnant l'époque des faits relatifs à cette trahison; ensuite les pièces d'écriture qui composaient la correspondance de *Klinglin*, dont *Moreau* dévoilait l'existence coupable et les détails dangereux au directeur Barthélemy. Or , parmi ces deux moyens qui seuls pouvaient former son opinion sur ma moralité politique., aucun ne devait produire pour résultat dans la tête de *Moreau* de bonne foi, de *Moreau* à lui-même, de *Moreau* usant de ses facultés sentimentales et intellectuelles , l'ombre d'un soupçon pareil à celui qu'il a osé manifester contre moi.

D'abord, rien, dans mes actions antérieures à l'époque des faits relatifs à cette conspiration reprochée à *Pichegru*, ne devait me faire soupçonner capable de tremper dans une trahison contre ma patrie. Officier avant la révolution, mon service militaire n'avait point été interrompu depuis la guerre de la liberté contre la coalition des puissances. Élevé par mes actions et mes services jusqu'au grade de général de brigade, j'avais, depuis 1793, mérité la réputation d'un général ami de la gloire de son pays, dévoué à ses devoirs et fidèle à la cause sacrée qu'il défendait. Les divers commandemens dont j'avais été revêtu jusqu'en l'an 4, époque des faits relatifs à la trahison reprochée à *Pichegru*, prouvaient par leur importance que, dans aucun moment, la confiance du gouvernement à mon égard n'avait éprouvé la moindre altération.

Si je parcours ce que j'ai fait en l'an 4, époque de la trahison dont parle *Moreau*, tout se réunit en ma faveur pour exclure les soupçons de connivence avec les ennemis de ma patrie. En l'an 4 particulièrement, j'ai donné à *Moreau* lui-même les preuves les moins équivoques de mon dévouement; lui-même a fait, avec complaisance, mon éloge dans son rapport sur le fameux passage du Rhin en messidor de l'an 4. Ce fait mérite de fixer l'attention : il met *Moreau* dans une contradiction si frappante avec lui-même, qu'il ne lui reste aucun prétexte pour motiver le soupçon odieux que je lui reproche.

C'est en germinal de l'an 4 que *Pichegru* quitte le commandement en chef de l'armée de *Rhin et Moselle*. *Moreau* lui succède. Dans sa lettre à *Barthélemy* il déclare que, de la correspondance saisie dans le fourgon de *Klinglin*, il résulte que le grand moyen de *Pichegru*, trahissant le gouvernement français, est fondé sur les revers de l'armée qu'il quitte, lorsqu'elle sera conduite par *Moreau*, et sur l'espérance certaine d'être redemandé par ses anciens soldats, pour agir ensuite dans le sens convenu et utile au prétendant, aux émigrés et aux Autrichiens. Si tel était le plan de trahison de *Pichegru*, moi, son complice, je ne l'aurais pas ignoré; j'aurais secondé ce projet de tous mes efforts, et j'aurais appelé les revers de *Moreau*, successeur de *Pichegru*, par mes vœux et par tous mes moyens.

Quelle fut alors ma conduite ? Je venais d'obtenir ma réforme; je n'avais plus aucun service actif : je pouvais rester spectateur tranquille des opérations de l'armée commandée par le général *Moreau*, dont j'aurais désiré les revers dans la supposition de ma complicité avec *Pichegru*. Eh bien! lors du premier passage du Rhin, qui, avec raison, a fait tant d'honneur au général *Moreau*, je lui demandai à diriger une de ces attaques périlleuses : ma connaissance des localités, mon expérience dans cette guerre, me faisaient espérer d'être utile. J'eus le bonheur de réussir complétement et de contribuer puissamment au succès de cette entreprise hardie et honorable. *Moreau*, dans son rapport au Directoire, daté du quartier-général à Kehl, les 6 et 7 messidor, an 4, sur ces mémorables journées, voulut bien me compter au nombre des officiers généraux qui avaient le plus contribué à la victoire. Voici comme il s'exprime à ce sujet :

„ Le général Lajolais, quoiqu'il ne fût pas en activité,
„ m'a demandé, au moment de l'attaque, à en suivre une
„ dont il connaissait parfaitement les localités; cette connais-
„ sance précieuse y a été très-utile, et son exemple n'a pu
„ qu'animer le courage de nos troupes. " (Voyez la pièce portée sous le n.° 6.)

Ce témoignage, quoique brièvement conçu, devenait pour moi très-honorable par l'importance du rapport dans lequel il avait trouvé place, et par son association avec les éloges mérités que le général en chef *Moreau* avait à distribuer aux braves de son armée. Les généraux *Abbatucci* et *Ferino*, témoins oculaires de ma conduite, en parlèrent dans le même temps avec plus de détails et de développemens. (Voyez la pièce portée sous le n.° 7.)

Devais-je m'attendre qu'un an après, le même général *Moreau*, qui venait de rendre un témoignage si éclatant au compagnon bénévole de sa victoire, l'accuserait d'être le complice de *Pichegru*, qui, selon lui, plaçait les revers de

lùi *Moreau* au nombre de ses premiers moyens de trahison ?
Y eut-il jamais une contradiction plus révoltante ? Après
un trait de dévouement de cette espèce, n'avais-je pas le
droit d'exiger de *Moreau* qu'il n'admît jamais contre moi,
dans son esprit, de soupçon de trahison, sans qu'avant il ne
l'eût longuement et mûrement examiné ?

Mais, me dira-t-on, les pièces de la correspondance de
Klinglin, qui, un an après, sont tombées dans sa main à
Offembourg, l'ont, sans doute, forcé de renoncer à l'opinion avantageuse que vous lui aviez inspirée. D'accord; si
cette correspondance, complétement prise, a pu lui donner
contre moi un soupçon fondé de trahison et de complicité
avec *Pichegru*, *Moreau* sera à l'abri de tout reproche. Mais,
au moins, on m'accordera qu'avant d'adopter ce soupçon, il
était tenu de l'examiner sérieusement, et que toute légèreté
de suspicion de lui à moi était un crime pour lui; qu'il
devait faire cet examen lui-même, ayant les pièces dans les
mains et le chiffre qui les expliquait, et que, sur cet objet,
il ne devait s'en rapporter qu'à lui-même.

Les pièces qui étaient entre les mains de *Moreau*, lorsqu'il m'a accusé, sont entre les mains du rapporteur; elles
ont toutes été imprimées en deux volumes, publiés par
ordre du Directoire : il n'y a aucune autre pièce produite
à l'appui de la conspiration reprochée à *Pichegru* et de ma
complicité, parmi toutes celles de la procédure adressées au
greffe du conseil de guerre de la cinquième division militaire. Si donc dans ces deux volumes, qui renferment toute
la correspondance de *Klinglin* que *Moreau* avait sous les yeux
lorsqu'il m'a dénoncé, il n'y a rien qui établisse un indice
de complicité entre moi et *Pichegru*, entre moi, ma famille
et aucun des auteurs de cette correspondance; si, au contraire, cette correspondance, quelle qu'elle soit, renferme,
de la part du correspondant principal qui figure parmi les
personnages de la conspiration sous un nom supposé, le
témoignage le plus précis de mon dévouement, à toute
épreuve, à la constitution française et au gouvernement
qu'elle nous a donné; personne ne niera que *Moreau* ne
soit, à mon égard, coupable du délit grave de m'avoir faussement

tement dénoncé, ayant dans les mains de quoi se convaincre de la fausseté de sa dénonciation.

Or, parmi les propositions que je veux établir dans mon mémoire justificatif, il y en a une ainsi conçue : en parcourant toutes les pièces produites à l'appui du délit qui m'est reproché, aucune n'établit même l'indice le plus léger, le soupçon le plus vague, de ma complicité dans la trahison attribuée à *Pichegru*. Pour ne point intervertir l'ordre que j'ai mis dans la distribution des détails de ma justification, je renvoie le lecteur à cette partie de mon mémoire; il aura une idée bien complète de la légèreté dangereuse, pour ne rien dire de plus, du général *Moreau* dans les allégations qu'il s'est permises à mon égard.

DEUXIÈME PROPOSITION. *Le Directoire exécutif du 18 fructidor, an 5, en majorité, s'est rendu coupable, envers moi et ma famille, de déni de justice et d'actes arbitraires, répétés sous toutes les formes.*

Dans l'énoncé de cette proposition je n'accuse point tous les membres qui, à cette époque, en l'an 6 et jusqu'au 30 prairial, an 7, composaient le Directoire exécutif, parce que j'ai la conviction bien acquise que *Barras*, l'un d'eux, a toujours voté pour qu'en cette affaire de la conspiration du chariot de *Klinglin*, la marche légale fût suivie, pour qu'on nous donnât des juges, en un mot, pour que la garantie de la liberté indiduelle des citoyens, stipulée par l'article 145 de l'acte constitutionnel, fût respectée. J'ignore si quelqu'autre de ses collégues a, sur cet objet, témoigné la même volonté du bien et de la justice; mais je suis forcé d'accuser le Directoire en majorité, puisque l'avis de *Reubel*, devenu, je ne sais pourquoi, mon ennemi et mon persécuteur acharné, n'aurait pas motivé seul la violation de toutes les lois à mon sujet, si cet avis n'avait pas été appuyé au moins par deux des autres membres.

Je ne date point l'arbitraire que je reproche au Directoire, de ma première arrestation, prononcée par son arrêté du 24 fructidor, an 5. J'ai déjà déclaré que je trouvais que, d'après la lettre accusatrice de *Moreau* à *Barthélemy*, il y avait lieu à s'assurer de nos personnes dans les circonstances

B

données ; mais je mettrai sur le compte du Directoire et de son ministre de la police générale, les vexations atroces des agens subalternes qui ont accompagné notre traduction au temple. C'est ici la première violation de la loi à notre égard. L'article 10 de la déclaration des droits, *lequel proscrit sévèrement toute rigueur qui ne serait pas nécessaire pour s'assurer de la personne d'un prévenu*, fut complétement enfreint.

Ma femme, enceinte de sept mois, était malade et couchée lorsque l'inspecteur de police se présenta pour exécuter le mandat d'arrêt : il lui accorda de rester chez elle sous planton. Mais l'humanité louable de cet agent fut sans doute blâmée par le ministre de la police, car, au bout de deux jours, l'ordre vint de la transférer, morte ou vive, dans les cachots du Temple : elle y fut enfermée dans une cuisine mal-saine, humide et infecte. Ce ne fut qu'aux sollicitations pressantes du médecin de la police, qui vint la voir tous les jours, qu'elle fut enfin transférée, dans les huit derniers jours de sa détention au Temple, dans un logement plus convenable. Ma fille, âgée de neuf ans, fut abandonnée pendant plusieurs jours à la merci des étrangers ; elle n'obtint qu'avec peine de tenir dans la prison compagnie à sa mère ; encore y mit-on pour condition que cet enfant ne communiquerait point avec son père. Ma belle-sœur, enceinte de cinq mois, fut enfermée, à côté d'une latrine, dans une petite tour où son lit et une chaise pouvaient à peine tenir. Moi, je fus mis au secret dans un grand galetas, où il n'y avait qu'une croisée, barrée jusqu'au haut par des planches qui ne donnaient à l'air et au jour qu'une issue étroite et insuffisante pour lire, écrire et même respirer. Un jour, accompagné du guichetier, je prenais l'air dans la cour pendant quelques instans : j'aperçois ma fille, je veux l'embrasser ; je suis durement repoussé, et ma fille n'ose arriver jusqu'à moi. J'étais depuis plusieurs jours dans cette horrible prison, et je ne pouvais apprendre aucune nouvelle de ma femme, de ma belle-sœur et de ma fille : je les croyais toujours dans leur domicile sous la garde de plantons, tandis qu'elles étaient ensevelies dans le même cachot, et séparées de moi seulement par les murs épais de cette forteresse. Les Directeurs républicains, que j'accuse en ce moment, les premiers magistrats d'un peuple libre, nous apprendront, sans doute, un jour dans un mémoire lumineux et concluant, comme celui de *Merlin*, la différence qui existe entre la prison du Temple et la Bastille.

Heureusement pour nous (si le Directoire avait respecté la marche régulière de la justice), l'information de notre affaire tomba entre les mains d'un homme probe, ami de ses devoirs, remplissant avec sévérité ses fonctions, mais incapable de servir les passions des gouvernans, le citoyen *Hanoteau*, juge de paix de la section du Mail à Paris. Il fait perquisition exacte dans nos papiers, nous interroge sur nos relations avec le général *Pichegru*; et, après avoir acquis la conviction de notre innocence parfaite, il ordonne notre mise en liberté pleine et entière, en vertu de l'autorité que lui donnait la loi, et encore en vertu des pouvoirs particuliers que lui avait délégués le gouvernement pour l'examen des conspirateurs. Quoique les ordonnances du juge de paix *Hanoteau* n'aient point été respectées par la tyrannie, cependant sa conduite, à notre égard, ne paraît point avoir été attaquée ni blâmée; il avait même conservé toute la confiance apparente du ministre de la police, puisqu'à la fin du mois de brumaire, an 6, c'est-à-dire, près de deux mois après l'acte de justice qu'il avait eu le courage d'exercer à l'égard de ma famille et de moi, il était encore revêtu des mêmes fonctions de commissaire délégué pour informer contre les complices présumés de *Pichegru*, et qu'en cette qualité il interrogeait dans la prison du Temple le chef de brigade *Badonville*.

Jusques-là, l'arbitraire du Directoire exécutif ne s'était pas encore montré. Nous n'avions à lui reprocher que le régime barbare des prisons républicaines, toléré et protégé par lui et son ministre de la police générale. Ici commence la longue série de déni de justice, d'arbitraire de tout genre, et l'infraction de l'acte constitutionnel, soutenue pendant vingt mois. Notre liberté ayant été prononcée, en connaissance de cause et par qui de droit, sur le fait de nos relations, de notre complicité présumée avec le général *Pichegru*, nous ne pouvions plus être recherchés sur le même fait, à moins qu'il ne vînt à la connaissance du gouvernement d'autres renseignemens accusateurs. L'arrêté du 24 fructidor était annullé par les deux ordonnances de mise en liberté, prononcées par le juge de paix *Hanoteau*.

Cependant, en vertu de ce même arrêté, sans accusation nouvelle, nous avons été de nouveau mis en état d'arrestation, en arrivant à Strasbourg, notre domicile ordinaire, sur une simple lettre du ministre de la police générale, adressée au commissaire central du département du Bas-Rhin; et dans cette lettre, d'une illégalité monstrueuse, où toutes les formes et tous les principes étaient violés, le ministre ose ordonner au commissaire l'exécution de l'arrêté précité, malgré son annihilation légale.

Ma femme touchait au moment de ses couches; la grossesse de ma belle-sœur était aussi fort avancée : le ministre, honteux, sans doute, de l'impression que sa barbarie contre deux femmes dont l'état devait intéresser tous ceux qui ont conservé quelque chose d'humain, avait produite, à Paris même, sous ses yeux, sur ses agens subalternes moins féroces que lui, ce qui est beaucoup dire, avait ordonné qu'elles seraient détenues chez elles sous la garde de deux gendarmes. Moi, je fus jeté dans une prison. Ma femme accoucha pendant cette séparation déchirante. Enfin, *Augereau*, alors général en chef de l'armée d'Allemagne, sentit pourtant quelques mouvemens d'équité pour une famille à qui on ne pouvait rien reprocher, et il ordonna, le 4 frimaire, an 6, que je serais transféré chez moi, pour y rester sous la garde d'un planton.

J'ai dit que le brigadier de gendarmerie *Lamotte*, qui m'avait arrêté à mon arrivée à Strasbourg, m'avait refusé durement, opiniâtrement, copie et même communication de mon mandat d'arrêt. Sans doute, cet agent subalterne de la force publique, qui paraît avoir quelqu'instruction, puisqu'il remplit les fonctions de défenseur officieux, avait reçu des ordres secrets qui lui promettaient l'impunité pour cet acte d'infraction à la loi. Jusqu'à ce que le brigadier de gendarmerie *Lamotte* ait été puni, j'ai le droit de conclure qu'il n'a fait qu'obéir aux ordres de l'autorité suprême.

Communication de mon mandat d'arrêt m'ayant été refusée, j'ai ignoré, jusqu'au 12 floréal, an 7, le motif de cette seconde arrestation. C'est à cette dernière époque seulement que j'ai appris l'audace impudente du ministre de la police générale, qui avait osé ordonner ma détention postérieure, en vertu d'un arrêté légalement anéanti, sans qu'il lui eût été présenté une nouvelle accusation contre moi et ma famille.

Quoique l'arbitraire du Directoire exécutif se fût développé de manière à laisser peu d'espoir de justice, cependant, fort des actions de toute ma vie, confiant dans les services que j'avais rendus à mon pays, j'adressai itérativement pétition sur pétition au Directoire, et aux divers ministres de la police générale qui se sont succédés pendant près de deux ans. L'objet de toutes ces pétitions était l'exécution pure et simple de l'article 145 de l'acte constitutionnel : je ne demandais autre chose que des juges compétens, qu'une information régulière et légale sur ma conduite, complétement prise. Aucune de mes réclamations, motivées sur des titres que je croyais avec bonne foi devoir être aussi sacrés pour des hommes qui n'avaient reçu le pouvoir du peuple qu'en lui jurant de gouverner par la loi, n'obtint réponse. Alors je mesurai toute l'étendue de la tyrannie qui m'opprimait ; je compris que les intrigans qui s'étaient élevés sur nos têtes, n'avaient jamais eu que l'hypocrisie du civisme ; je compris que toutes leurs protestations de respect pour l'acte constitutionnel, pour la loi, pour la sûreté des personnes et des propriétés, de dévouement au bonheur général, n'étaient qu'un moyen de séduction, employé pour arriver à l'autorité. Après avoir senti l'impuissance de mon indignation, au milieu de l'abaissement général, je me renfermai dans le silence du mépris.

Tout espoir de justice avait disparu pour moi. Je voyais ma famille condamnée à l'esclavage pour un temps indéfini ; ma maison changée en bastille, et un géolier inquiet et avide, toujours rôdant autour des portes, de crainte que sa proie ne lui échappât : je n'attendais la fin de mes maux que de l'excès de l'oppression publique. Trop éloigné du centre des grands mouvemens, le mois de floréal, an 7, était au tiers de son cours, que je me croyais encore séparé du moment de la justice par un intervalle de temps qu'il m'était impossible de mesurer : le réveil du corps législatif, déjà sensible pour nos tyrans effrayés, ne l'était point encore dans ma prison à cent vingt lieues de la capitale. Enfin, le 12 floréal, j'apprends qu'un arrêté, en date du 4 du même mois, me traduit, avec ma femme et ma belle-sœur, pardevant le conseil de guerre de la cinquième division militaire, *pour y être jugés sans délai*, sur le délit d'espionnage dont nous sommes prévenus de complicité avec *F. X. Chambé*, de Colmar.

Quelque nouveau, quelqu'extraordinaire que fût pour mon oreille l'énoncé d'un délit aussi bas, d'une complicité aussi énigmatique, le plaisir d'avoir enfin des juges l'emporta sur toute autre considération, et ce fut avec gaieté que nous quittâmes, ma femme, ma belle-sœur et moi, notre domicile, pour nous constituer prisonniers dans une maison d'arrêt. L'espoir d'un prompt jugement faisait disparaître l'incommodité de la prison : cet espoir augmenta lorsque nous apprîmes, à l'arrivée des citoyens *Badonville* et *Commart*, nos co-accusés, traduits de Paris à Strasbourg, pour y être aussi jugés par le même conseil et sur le même délit, que toutes les pièces adressées au conseil de guerre par le ministre de la police générale, se réduisaient aux deux volumes imprimés de la correspondance *Klinglin*. Bientôt les lenteurs inexplicables du rapporteur ont fait disparaître toutes nos espérances, et nous ont replacés devant les yeux la perspective d'une détention indéfiniment prolongée.

TROISIÈME PROPOSITION. *L'accusation première de complicité dans la conspiration reprochée à* Pichegru; *l'accusation nouvelle d'espionnage, de complicité avec F. X. Chambé, de Colmar, ne rencontre pas même un indice, un prétexte, un soupçon à l'appui dans les pièces produites par le ministre de la police générale comme pièces de conviction.*

Toutes les pièces produites, ainsi que nous en a justifié la liste ostensible des liasses envoyées en floréal, an 7, au greffe du conseil par le ministre de la police générale, pour servir de pièces de conviction, se réduisent aux originaux et copies figurées dans les deux volumes de la correspondance de *Klinglin*, imprimés tous deux par ordre du Directoire, le premier en pluviôse an 6, le second en thermidor même année. Si, dans ces deux volumes, rien ne vient à l'appui de l'une ou l'autre accusation, qui, sous deux formes différentes, se réduisent à la même chose pour le fond; si au contraire , tout ce qui est dit de moi dans les deux volumes, prouve que j'étais nécessairement étranger à toutes les intrigues, quelles qu'elles soient , quels qu'en soient les auteurs, que ces deux volumes doivent indiquer clairement, dans l'intention du Directoire et des agens qu'il a employés pour la traduction des lettres en chiffres; il sera alors de l'évidence la plus satisfaisante que mon innocence est complète, et que la conviction de mon innocence et de celle de ma famille était facile à acquérir par le gouvernement, s'il avait voulu faire justice, dès qu'il a reçu de *Moreau* cette correspondance qui a fait tant de bruit.

Je vais extraire littéralement les six passages de cette correspondance, dans lesquels seuls il est parlé de moi ; j'y répondrai successivement. J'observe d'abord *qu'il n'y est parlé que de moi, et jamais de ma femme ni de ma belle-sœur.* Leur détention, aussi longue que la mienne, a donc été tout-à-fait gratuite et sans prétexte.

(*Extrait de la correspondance Klinglin, premier volume, page* 69, *pièce* 21, *lettre originale de Furet à Klinglin;* 19 *janvier* 1796.)

" J'ai reçu, mon cher *Persée* (*Klinglin*), votre oublie (*lettre*)
,, du 3 , qui a croisé celle où je vous parle de *Poinsinet*
,, (*Pichegru*) positivement. Je n'ai nul doute à son égard;
,, c'est un tout-autre homme que *Vernier;* et *Lajoye* (*Lajolais*)
,, est un petit scélérat, chez lequel je n'ai jamais envie de
,, rien tenter. ,,

Ce premier passage est le plus long, et de tous les six qui me sont relatifs dans cette correspondance, c'est le seul qui soit positif et qui dise quelque chose sur ma moralité politique bien connue des ennemis eux-mêmes ; il mérite une attention particulière, parce qu'il renferme sur mon compte l'opinion du principal et du plus actif personnage figurant dans cette intrigue incohérente. C'est le personnage connu sous le nom supposé de *Furet* ; le traducteur des chiffres l'attribue à un particulier de Strasbourg, nommé *Demougé.* Quoi qu'il en soit de l'identité du personnage *Furet* avec *Demougé* ou avec un autre individu, ce personnage est dans l'intrigue l'homme de confiance de *Pichegru*, de *Condé*, de l'archiduc *Charles*, de *Wickham*, de la baronne de *Reich* et de *Klinglin.* Son opinion doit avoir une grande prépondérance sur leur esprit. En supposant que *Lajoye*, sous lequel nom le traducteur clairvoyant m'aperçoit, soit réellement moi, dont Furet ait voulu parler, les sottises énergiques qu'il m'adresse ne sont-elles pas, de la part d'un royaliste aussi prononcé, la preuve la moins équivoque de l'opinion qu'il avait conçue de mon républicanisme et de mon dévouement au gouvernement qu'il essayait de renverser? Si j'avais été le complice de *Pichegru*, il aurait fait de moi le même cas qu'il paraît faire de ce général, dans la proportion respective de notre importance dans les rôles qui nous auraient été distribués.

On ne dira pas, lorsqu'on aura lu cette correspondance, que le personnage *Furet* ignorait mes relations secrètes et ma connivence avec *Pichegru*. *Furet* est supposé revêtu de de toute la confiance de ce général; il est supposé son intermédiaire entre lui et les chefs autrichiens, anglais et émigrés; rien dans les secrets du général français ne pouvait lui être caché : sans cet abandon de confiance, *Furet* n'aurait tenu qu'une correspondance infidèle, et les notes qu'il aurait données sur certains personnages importans par les commandemens des villes frontières ou de divisions militaires territoriales, auraient égaré les conspirateurs.

Je prie d'observer attentivement et une fois pour toutes, que je raisonne dans les suppositions du traducteur, lorsque je parle de *Pichegru* comme d'un traître. Je le déclare, et pour n'y plus revenir, pour me faire oublier les talens, les services et les vertus de *Pichegru*, pour que je croye à sa trahison, il faut qu'elle me soit démontrée.

(*Extrait de la correspondance Klinglin, premier volume, page* 142, *pièce* 48 : *lettre originale de la baronne de Reich à Klinglin;* 15 *février* 1796.)

« .... *Furet* ajoute : le gueux *d'Albert* est, dit-on, démis » et sera enfermé; c'est *Lajoie* (*Lajolais*) qui le travaille, à » cause de son beau-père qu'il a voulu faire guillotiner. »

Cet article est insignifiant et n'a aucun rapport avec les imputations dirigées contre moi.

(*Extrait de la correspondance Klinglin, premier volume, page* 288, *pièce* 108 : *lettre originale de Wittersbach à la baronne de Reich;* 19 *mars* 1796).

« ... Voilà *Lajolais*, commandant de Strasbourg, encore une

,, fois destitué ; il est remplacé, vous le savez sans doute déjà,
,, par l'infâme égorgeur *Dumoulin*, autrefois premier aide-de-
,, camp du général *Santerre*. Il fera bien du mal à Strasbourg. ,,

Certes, je n'aurais rien à répondre à ce passage, si mon
estime bien sentie pour le général *Moulin*, maintenant directeur, ne me faisait un devoir d'opposer à ces invectives
grossières d'un émigré l'expression franche de mes sentimens
honorables pour lui. Si le général *Moulin* m'a remplacé dans
le commandement de Strasbourg, jamais il n'y a eu, à ce
sujet, entre nous la plus légère opposition de sentimens, la
moindre animosité. Depuis que la calomnie et l'arbitraire me
poursuivent, le général *Moulin* m'a toujours témoigné son
amitié et sa bienveillance; le malheur ne l'a point changé à
mon égard; la grandeur ne l'a point corrompu, et dernière-
ment encore j'ai reçu de lui les assurances les plus franches
et les plus affectueuses de sa courageuse amitié.

D'ailleurs l'émigré *Wittersbach* donne au général Moulin
la qualité de premier aide-de-camp de Santerre, et il ne l'a
jamais été. Le général Moulin était depuis long-temps adju-
dant-général de la garde nationale parisienne, lorsque le
commandement en fut donné à Santerre, et, s'il a été sous
les ordres de ce dernier, ce n'était point comme son aide-
de-camp.

(*Extrait de la correspondance Klinglin, premier volume, page* 440,
pièce 171 : *lettre originale de la baronne de Reich à Klinglin,*
23 *avril* 1796.)

" ... Je ne crois pas à la destitution de *Lajolais*; la nou-
,, velle seroit vraiment trop conséquente pour ne nous avoir
,, pas été donnée par *Furet* hier : mais cela peut arriver, et
,, à tout ce qui se passe ce seroit un malheur de plus. ,,

Que conclure contre moi de ce passage, surtout lorsqu'on
l'oppose au premier? Que la baronne de *Reich* ait imaginé
qu'il valait mieux pour le succès de ses intrigues contre-
révolutionnaires, que je n'aie pas quitté le commandement
de Strasbourg; qu'elle ait regardé comme un événement
fâcheux dans ses profondes conceptions du rétablissement du
trône et de l'autel, mon remplacement par le général *Moulin*;
quelle induction positive, même indirecte, en peut-on
tirer contre moi? est-il au pouvoir d'un général fidèle à ses

devoirs, d'empêcher une femme, bien connue par sa tête effervescente et toujours projetante, de déraisonner sur son compte? Je le demande aux inquisiteurs les plus sévères, trouveront-ils là-dedans un indice de complicité avec *Pichegru* ou *Chambé*, ou un soupçon d'espionnage?

Avant son émigration, la baronne de *Reich* faisait sa résidence habituelle à Strasbourg et en Alsace; elle aura connu de nom ma famille, qui avait depuis long-temps servi avec quelque distinction; j'étais avant la révolution officier dans le régiment d'Alsace, infanterie; la baronne croyait, avec l'émigré *Wittersbach*, que *Moulin* avait été aide-de-camp de *Santerre*; c'était aux yeux de cette amante passionnée du dernier roi et de la royauté un crime irrémissible: sans avoir, ainsi que le lui attestait son favori *Furet*, à se louer de mes opinions politiques et de ma conduite, elle me préférait à *Moulin*. Cette préférence extravagante, ainsi isolée, en opposition d'ailleurs avec l'opinion du personnage dominant, *Furet*, pourrait-elle m'inculper sous aucun rapport?

(*Extrait de la correspondance Klinglin, deuxième volume, page 119, pièce 294: lettre originale du successeur de Furet à Klinglin; 27 novembre 1796.)*

« ... C'est le ci-devant général de division *Lajolais* qui „ commande la milice bourgeoise de Strasbourg; il a été reçu „ ce matin. „

(*Extrait de la correspondance Klinglin, deuxième volume, page 124, pièce 295: lettre originale de l'insulaire à Klinglin; 27 novembre 1796.)*

„ « ... On a organisé la garde-nationale ce matin, et le pau„ vre général *Lagolait* a été nommé leurs commandant. C'est „ devenire Evaique meunier. Nos gens craingne le bombar„ dement de Kehl. „

Ces deux passages sont absolument insignifians. Ils disent un fait vrai, ma nomination par mes concitoyens au commandement de la garde nationale de Strasbourg.

J'ai parcouru avec scrupule tous les passages qui me sont relatifs dans la correspondance *Klinglin*. Dans aucun autre

endroit il n'est parlé de moi ni directement ni indirectement.
Je le demande maintenant à *Moreau* : où a-t-il trouvé dans
cette correspondance de quoi motiver le soupçon de ma
complicité dans la conspiration reprochée à *Pichegru*, conspiration établie sur cette même correspondance ? Où a-t-il
trouvé surtout de quoi motiver dans son esprit un soupçon
contre ma femme et ma belle-sœur, qui n'y sont pas même
nommées ni désignées ? Cependant il avait sous les yeux
cette correspondance, au moment où il me dénonçait. Avant
d'accuser un de ses frères d'armes et toute sa famille, il n'a
pas daigné la parcourir !... un moment de crainte, quelques
suggestions malignes ont suffi pour l'égarer !

Je le demande au **Directoire** démissionnaire au 30 prairial,
an 7; je le demande aux divers ministres de la police générale qui se sont succédés depuis le 18 fructidor, an 5 : où
trouveront-ils dans cette correspondance de quoi motiver
ma détention de deux années, de quoi motiver sur tout
l'arrestation de ma femme et de ma belle-sœur, et leur
mise en jugement ? où trouveront-ils, dans les passages ci-
dessus transcrits fidèlement, les seuls, je le répète, où il
soit parlé de moi, de quoi motiver l'arrêté du 4 floréal, an 7,
en ce qui me regarde et ma famille ? où trouveront-ils enfin
un prétexte, un indice, un soupçon à l'appui du délit d'espionnage commis de complicité avec **F. X. Chambé** ?

Ici je m'arrête; l'indignation me porterait plus loin que
je ne veux aller. Si un tel arbitraire pouvait rester impuni,
je rougirais d'être homme et français. Je me hâte de termi-
ner la tâche pénible que le besoin de ma justification et d'un
prompt jugement m'a imposée. En la finissant, cette tâche
bien pénible, je ne forme qu'un vœu, et si le tableau de
mes malheurs, des longues injustices dont j'ai été, dont je
suis encore la victime, pouvait en accélérer l'accomplissement,
je serais satisfait : c'est que dans ma patrie l'égoïsme isole
moins les affections; c'est que l'injustice faite à un seul
membre de la société, soit ressentie par tous ceux qui en
sont les témoins, ou qui l'apprennent. Sans cet esprit public
l'ordre est impossible, et les tyrans ne feront que changer
de masque et d'étendards. Si mes actions toujours dirigées
vers le devoir, vers le bonheur général de mon pays et les
idées sages de liberté qui me paraissaient propres à le produire,

si mes longs et bons services, n'ont pu me garantir d'une compromission aussi invraisemblable, quel est le Français qui osera se prétendre à l'abri d'un pareil malheur?

Strasbourg, à la maison d'arrêt militaire dite la Force, le 15 vendémiaire, an 8.

Le général de brigade,

LAJOLAIS.

—————

P. S. Au moment où l'impression de mon mémoire se finissait, une brochure intitulée : *Réponses de L. M. Reveillère-Lépeaux aux dénonciations portées au Corps législatif contre lui et ses anciens collègues*, 15 *thermidor, an* 7, m'est tombée dans les mains. J'étais curieux de connaître la partie des réponses de cet ex-directeur, relative aux actes arbitraires répétés que le Directoire s'était permis pendant qu'il en était membre. Mon étonnement a dû être grand pour moi, victime avec ma famille, pendant vingt mois, d'un arbitraire aussi monstrueux que celui que je viens de démontrer, lorsque j'ai lu, page 74 :

„ Je suis convaincu qu'il n'a été fait nulle part d'arresta-
„ tation arbitraire, à moins qu'on ne parle de celles qui
„ ont pu avoir lieu dans la Belgique et les départemens ci-
„ devant insurgés.... Quant à l'illégalité des détentions, je
„ déclare n'en avoir aucune connaissance. "

De cette protestation si formelle de *Reveillère-Lépeaux* contre toute détention arbitraire à lui connue, pendant la durée de sa suprême magistrature, j'ai conclu forcément, ou bien que *Reveillère-Lépeaux* était d'une impudence rare, ou bien que *Reubel*, qui avait signé l'arrêté du Directoire portant l'ordre de mon arrestation, sans être président alors, avait pris sur lui seul cet acte de tyrannie, et n'en avait point donné communication à ses collègues. Ou *Reveillère-Lépeaux* a menti avec impudence dans sa justification, ou bien l'arbitraire de vingt mois, que je viens de démontrer, retombe tout entier sur *Reubel* seul.

PIÈCES JUSTIFICATIVES.

N.º 1.

Ministère de la police générale de la République.

Paris, le 23 fructidor, an 5 de la République française, une et indivisible.

Le Directoire exécutif, en vertu de l'article 145 de l'acte constitutionnel, arrête, que le chef de brigade *Badonville*, ainsi que le citoyen *Lajolais*, sa femme et la sœur de cette dernière, prévenus de conspiration contre la sûreté intérieure et extérieure de la République, seront mis en état d'arrestation.

Il en sera donné avis sur-le-champ au Directoire, pour statuer ultérieurement comme il appartiendra. Les scellés seront provisoirement apposés sur les meubles, effets, or, argent et papiers existans au domicile desdits prévenus et aux lieux où ils pourraient être arrêtés, distraction préalablement faite de ceux desdits papiers qui pourraient être relatifs à la conspiration dont il s'agit, lesquels seront remis, sous inventaire, au ministre de la police générale, chargé de l'exécution du présent arrêté, qui ne sera pas imprimé.

Pour copie conforme, pour le président du Directoire exécutif, signé REUBEL.

Par le Directoire exécutif, le secrétaire-général : signé LAGARDE.

Pour copie conforme, le ministre de la police générale : signé SOTIN.

Pour copie conforme, le commissaire du Dir. exéc. : signé FELS.

N.º 2.

Nous Pierre Benoît Hanoteau, juge de paix de la division du mail, et officier de police judiciaire de la commune de Paris, mandons et ordonnons au gardien de la maison d'arrêt provisoire du Temple, de mettre en liberté le citoyen Fréderic *Lajolais*, chef de brigade de la garde nationale de Strasbourg, attendu qu'examen fait de ses papiers, il ne s'en est trouvé que de très-recommandables ; autorisons le citoyen Veyrat, inspecteur général de police, de signer la décharge dudit gardien sur le registre, tant pour ledit citoyen *Lajolais*, que pour sa femme et sa belle-sœur.

Paris, le 9 vendémiaire, an 6 de la République française, une et indivisible.

Signé HANOTEAU, juge de paix.

Pour copie conforme à l'original, délivrée par moi préposé à la garde de la maison d'arrêt de la tour du Temple, soussigné en icelle, le neuf vendémiaire, an 6.ᵉ républicain : signé LASNE.

N.º 3.

LE citoyen juge de paix de la division du mail, et officier de police judiciaire de la commune de Paris, de service auprès du ministre de la police générale de la République, prévient le cit. concierge de la maison d'arrêt provisoire du Temple, qu'il vient de mettre en liberté les citoyennes *Lajolais* (*Catherine et Marie-Josephine*), après les avoir entendues et les avoir parfaitement trouvées innocentes ; en conséquence il voudra bien ne pas les retenir lorsqu'elles se présenteront pour retirer leurs effets. Le présent lui servira de décharge.

Paris, le huit vendémiaire an 6.ᵉ républicain.

Signé HANOTEAU, juge de paix.

Pour copie conforme à l'original, délivré par moi préposé à la garde de la maison d'arrêt de la tour du Temple, soussigné en icelle, le neuf vendémiaire, an 6.ᵉ républicain : signé LASNE.

N.º 4.

Extrait de la lettre du ministre de la police générale au commissaire du Directoire exécutif près l'administration centrale du Bas-Rhin, en date du 22 vendémiaire an 6.

JE vous envoie, Citoyen, un arrêté du Directoire exécutif, relatif aux nommés Badonville, Lajolais, sa femme et la sœur de cette dernière. Le premier de ces individus est au Temple ; les trois autres viennent de partir de Strasbourg, suivant des avis très-certains que j'ai reçus. Je vous charge d'exécuter, à leur égard, l'arrêté du Directoire exécutif : vous constituerez Lajolais prisonnier dans une maison d'arrêt ; vous mettrez sa femme et sa sœur, attendu leur état de grossesse avancée, en arrestation chez elles sous la garde de gendarmes, et vous prendrez, sous votre responsabilité personnelle, toutes les précautions dictées par la prudence , pour qu'aucun de ces trois individus ne puisse échapper.

Salut et fraternité : signé SOTIN.

Pour extrait conforme, le commissaire du Directoire exécutif du Département du Bas-Rhin : signé FELS.

N.° 5.

Extrait littéral du Moniteur, n.° 360. — 30 fructidor, an 5. — Conseil des Cinq-cents. — Séance du 24 fructidor.

. . . Un second message du Directoire contient une lettre qu'il a reçue du général *Moreau*, commandant en chef de l'armée de Rhin et Moselle. Un secrétaire donne lecture de cette lettre. La voici :

Le général en chef de l'armée de Rhin et Moselle,

Au citoyen Barthélemy, membre du Directoire exécutif de la République française.

Au quartier-général à Strasbourg, le 19 fructidor, an 5.

Citoyen directeur ,

Vous vous rappellerez sûrement qu'à mon dernier voyage à *Bâle,* je vous instruisis qu'au passage du Rhin nous avions pris un fourgon au général *Klinglin,* contenant deux ou trois cents lettres de sa correspondance ; celles de *Wittersbach* en faisaient partie, mais c'étaient les moins importantes. Beaucoup de lettres sont en chiffres, mais nous en avons trouvé la clef. L'on s'occupe à tout déchiffrer ; ce qui est très-long.

Personne n'y porte son vrai nom, de sorte que beaucoup de Français qui correspondent avec *Klinglin, Condé, Wickham, d'Enghien et autres,* sont difficiles à découvrir : cependant nous avons de telles indications, que plusieurs sont déjà connus.

J'étais décidé à ne donner aucune publicité à cette correspondance, puisque, la paix étant présumable, il n'y avait plus de dangers pour la République, d'autant que tout cela ne ferait preuve que contre peu de monde, puisque personne n'est nommé.

Mais voyant à la tête des partis qui font actuellement tant de mal à notre pays, et jouissant dans une place éminente de la plus grande confiance, un homme très-compromis dans cette correspondance, et destiné à jouer un grand rôle dans le rappe du *Prétendant* qu'elle avait pour but ; j'ai cru devoir vous en instruire, pour que vous ne soyez pas dupe de son feint républicanisme ; que vous puissiez faire éclairer ses démarches et vous opposer aux coups funestes qu'il peut porter à notre pays, puisque la guerre civile ne peut qu'être le but de ses projets.

Je vous avoue, citoyen directeur, qu'il m'en coûte infiniment de vous instruire d'une telle trahison, d'autant plus que celui que je vous fais connaître a été mon ami, et le serait sûrement encore, s'il ne m'était connu ; je veux parler du représentant du peuple *Pichegru*. Il a été assez prudent pour ne rien écrire ; il ne communiquait que verbalement avec ceux qui étaient chargés de la correspondance, qui faisaient part de ses projets et recevaient ses réponses : il y est désigné sous plusieurs noms, entr'autres sous celui de *Baptiste*. Un chef de brigade, nommé *Badonville*, lui était attaché et désigné sous le nom de *Coco* : il était un de ses courriers, dont il se servait, ainsi que les autres correspondans. Vous devez l'avoir vu assez fréquemment à Bâle.

Leur grand mouvement devait s'opérer au commencement de la campagne de l'an 4. On comptait sur des revers à mon arrivée à l'armée, qui, mécontente d'être battue, devait redemander son ancien chef, qui, alors, aurait agi d'après les instructions qu'il aurait reçues.

Il a dû recevoir *neuf cents louis* pour le voyage qu'il fit à Paris à l'époque de sa démission. De là vient naturellement son refus de l'ambassade de *Suède*. Je soupçonne *la famille Lajolais* d'être dans cette intrigue.

Il n'y a que la grande confiance que j'ai en votre patriotisme et en votre sagesse, qui m'a déterminé à vous donner cet avis. Les preuves en sont plus claires que le jour ; mais je doute qu'elles puissent être judiciaires.

Je vous prie, citoyen Directeur, de vouloir bien m'éclairer de vos avis sur une affaire aussi épineuse. Vous me connaissez assez pour croire combien a dû me coûter cette confidence ; il n'a pas moins fallu que les dangers que court mon pays pour vous la faire. Ce secret est entre *cinq personnes*, les généraux *Désaix, Reignier, un de mes aides-de-camp et un officier chargé de la partie secrète de l'armée*, qui suit continuellement les renseignemens que donnent les lettres qu'on déchiffre.

Recevez l'assurance de mon estime distinguée et de mon inviolable attachement.

Signé MOREAU.

Le Conseil ordonne l'impression à six exemplaires.

N.º 6.

Extrait du rapport du général en chef Moreau, sur le passage du Rhin, exécuté le 6 messidor, an 4.

ARMÉE DE RHIN ET MOSELLE.

Au quartier-général à Kehl, les 6 et 7 messidor, an 4.

Le général en chef, au Directoire exécutif.

Citoyens directeurs,

J'AI reçu votre courrier du 2 messidor, portant l'ordre de passer le Rhin Aujourd'hui 6, à neuf heures, nous étions maîtres des retranchemens de Kehl ; nos troupes occupaient la rive droite du fleuve depuis trois heures du matin.

(Le général en chef fait l'exposé des difficultés sans nombre que présentait cette entreprise hardie ; ensuite il distribue aux officiers généraux et aux autres braves de tout grade les éloges dus à leur courage.)

L'attaque de Gambsheim était commandée par le général de division *Beaupuis*, ayant sous ses ordres le général de brigade *S. Susanne*, les adjudans-généraux *Bellavène*, *Levasseur*, et le chef de bataillon du génie, *Poitevin*. Les troupes qui y étaient destinées, sont revenues sur-le-champ à l'attaque de Kehl, pour soutenir celles qui y avaient passé. Le passage de Kehl était commandé par le général de division *Ferino*. Les différentes attaques étaient dirigées par les adjudans-généraux *Montrichard*, *Abbatucci*, *Decaen*, et le chef de brigade du génie *Boisgerard* ; la réserve par le général de brigade *Tholmé* : le général de division *Désaix*, commandant le centre de l'armée, a pris celui de ces deux divisions, aussitôt leur passage.

La conduite distinguée de tous ces braves officiers mérite les plus grands éloges. Je ne dois pas oublier de vous rendre le compte le plus avantageux des talens et de l'activité du général de brigade *Régnier*, chef de l'état-major-général de l'armée. Les détails immenses de sa place ne l'empêchent pas de prendre la part la plus active à toutes les affaires, et d'y rendre les services les plus signalés.

J'avais chargé de la reconnaissance du Rhin, des préparatifs du passage et de tous les détails qu'exigeait une opération de cette importance, les adjudans généraux *Abbatucci*, *Bellavène*,

(34)

Decaen, *Montrichard*, le chef de brigade du génie *Boisgerard*, et *Dedon*, chef de bataillon des pontonniers. Rien ne peut égaler l'intelligence avec laquelle ils ont préparé ce travail, que l'intrépidité et les talens qu'ils ont développés dans son exécution.

Les troupes qui ont passé à Kehl, sont : le deuxième bataillon de la 3.e demi-brigade et le premier de la 16.e d'infanterie légère, les 31.e, 89.e et 56.e d'infanterie de ligne. Le chef de bataillon *Becdelièvre*, commandant le deuxième bataillon de la 3.e d'infanterie légère, s'est particulièrement distingué à l'attaque des redoutes ; les blessures qu'il y a reçues ne l'ont pas empêché de continuer : il est connu pour un des plus braves officiers de l'armée. L'adresse, la bravoure et le zèle du bataillon des pontonniers n'ont pas peu contribué à nos succès ; ils ont travaillé sans relâche pendant soixante heures. *Le général* Lajolais, *quoiqu'il ne fût pas en activité, m'a demandé, au moment de l'attaque, à en suivre une dont il connaissait parfaitement les localités ; cette connaissance précieuse y a été très-utile, et son exemple n'a pu qu'animer le courage de nos troupes.* Je vous ferai connaître les autres traits de courage qui ont illustré cette journée. Un des plus remarquables est la manière dont a été enlevée la première redoute de la plaine : les soldats, après avoir sauté dans le fossé, avant de l'escalader, ont inondé ceux qui la défendaient d'une grêle de pierres ; cette arme nouvelle leur a fait perdre la tête et mettre bas les armes dès qu'ils ont vu les Français sur le parapet et forçant la gorge.

N.º 7.

Au Quartier-général à Fribourg, le 3 thermidor, l'an 4
de la République française, une et indivisible.

Je certifie à tous ceux qu'il appartiendra que le général *Lajolais*, n'étant pas employé au moment du passage du Rhin, a demandé et obtenu du général en chef Moreau de s'embarquer avec nous dans les bateaux destinés à aborder les premiers ; qu'il a sauté à terre un des premiers, et que, dans toute la matinée du six messidor, il n'a cessé de donner des preuves de talens, de courage et d'un zèle à toute épreuve, de manière qu'il a beaucoup contribué au succès de nos armes dans la partie qui m'était confiée.

Je certifie en outre que le même général *Lajolais*, d'après l'autorisation qu'il en a eue du général Moreau, a servi avec moi à l'avant-garde de la 7.e division, où il s'est toujours conduit de la manière la plus distinguée, et j'invite le général Ferino à en rendre compte au général en chef, pour que le gouvernement, instruit du zèle et des talens du général *Lajolais*, lui rende la justice qui lui est due.

Le général de brigade commandant l'avant-garde de l'aile droite de l'armée : signé **C. Abbatucci.**

Comme je commandais l'attaque et passage du Rhin où le général Lajolais est venu combattre volontairement et ayant été autorisé par le général en chef, j'atteste que l'exposé ci-dessus est véridique, et que le général Lajolais s'est conduit de la manière la plus distinguée.

Le général de division, signé ***Ferino.***

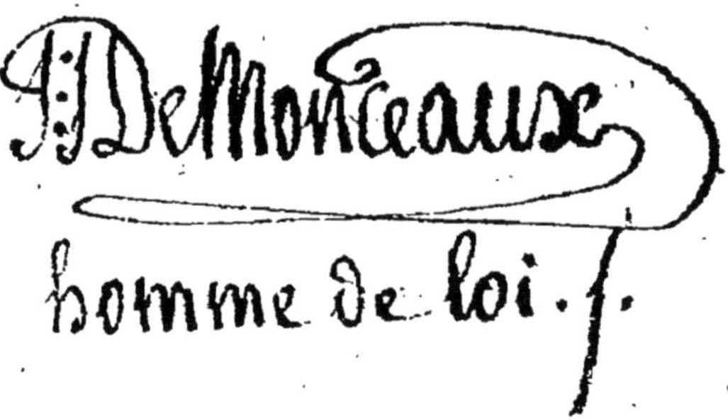

<hr>

A STRASBOURG, de l'imprimerie de F. G. LEVRAULT.

www.ingramcontent.com/pod-product-compliance
Ingram Content Group UK Ltd.
Pitfield, Milton Keynes, MK11 3LW, UK
UKHW022317170726
13837UKWH00005BA/2032